Impressum
Verlag: BABADADA GmbH, Nedderfeld 112 , 22529 Hamburg
Geschäftsführer / Verlagsleitung: Harald Hof
Druck: Books on Demand GmbH, In de Tarpen 42, 22848 Norderstedt

Imprint
Publisher: BABADADA GmbH, Nedderfeld 112 , 22529 Hamburg, Germany
Managing Director / Publishing direction: Harald Hof
Print: Books on Demand GmbH, In de Tarpen 42, 22848 Norderstedt, Germany

escuela

школа

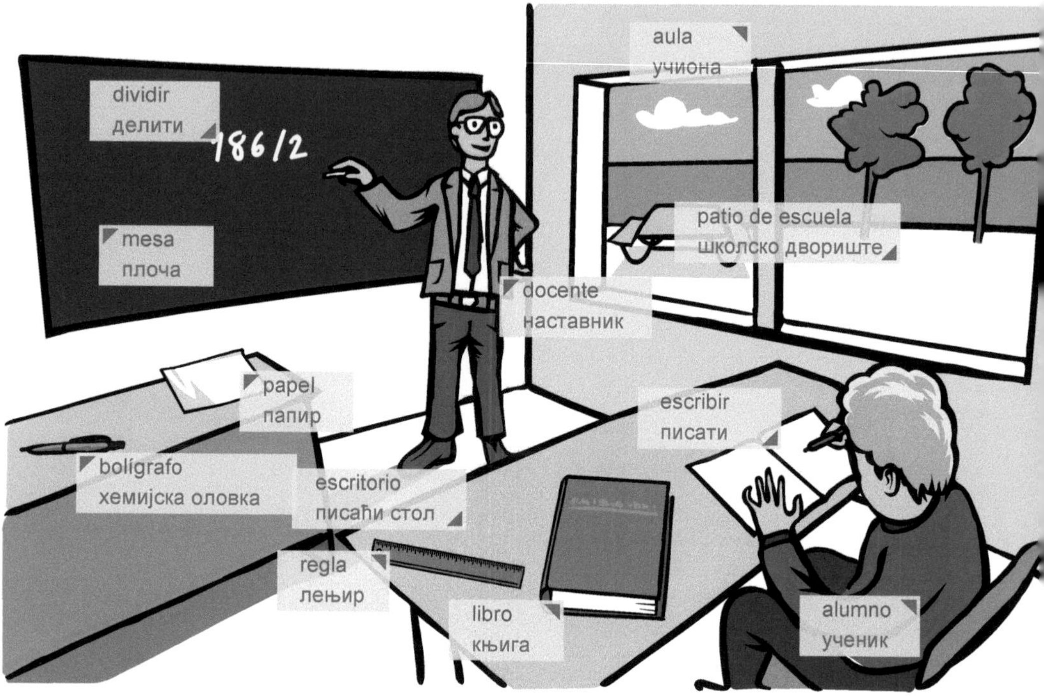
aula
учиона
dividir
делити
186/2
mesa
плоча
patio de escuela
школско двориште
docente
наставник
papel
папир
escribir
писати
bolígrafo
хемијска оловка
escritorio
писаћи сто
regla
лењир
libro
књига
alumno
ученик

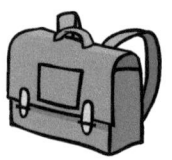

mochila escolar

торба

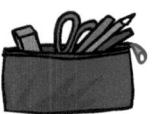

caja de lápices

перница

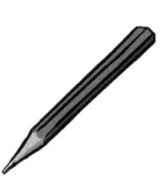

lápiz

графитна оловка

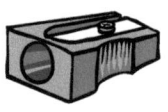

sacapuntas

шиљило за оловке

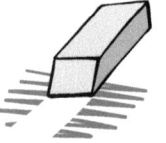

goma de borrar

гумица за брисање

bloc de dibujo

блок за цртање

dibujo
црртеж

pincel
кист

caja de pinturas
кутија са бојама

tijera
маказе

pegamento
лепило

libro de ejercicios
бележница

tarea
домаћи задатак

número
број

sumar
сабирати

restar
одузимати

multiplicar
множити

calcular
рачунати

letra
слово

alfabeto
абецеда

palabra
реч

texto

текст

leer

читати

tiza

креда

lección

час

libro de clase

дневник

examen

испит

certificado

сведочанство

uniforme escolar

школска униформа

educación

образовање

enciclopedia

лексикон

universidad

универзитет

microscopio

микроскоп

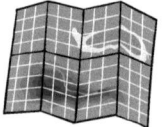

mapa

карта

cesto de papeles

кошара за папир

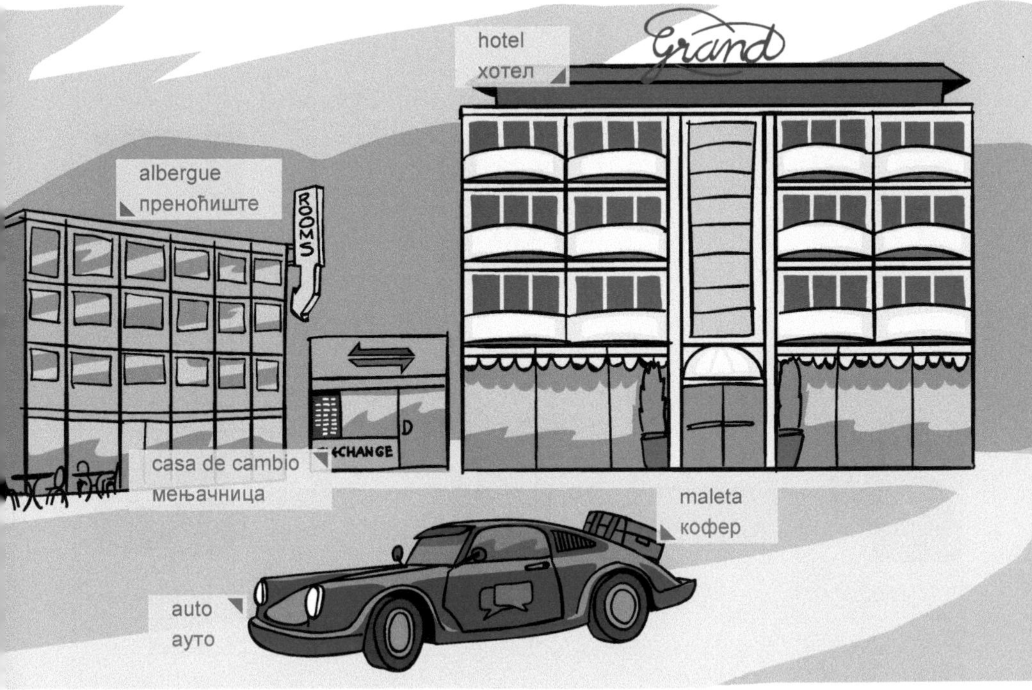

hotel
хотел

albergue
преноћиште

Grand

ROOMS

EXCHANGE

casa de cambio
мењачница

maleta
кофер

auto
ауто

idioma

језик

sí / no

да / не

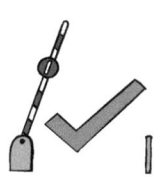

ok

океј

hola

здраво

intérprete

преводилац

gracias

хвала

¿Cuánto cuesta...?

Колико кошта...?

No entiendo

не разумем

problema

проблем

¡Buenas tardes!

добро вече!

¡Buenos días!

Добро јутро!

¡Buenas noches!

Лаку ноћ!

adiós

довиђења

dirección

смер

equipaje

пртљага

bolso

торба

mochila

руксак

invitado

гост

cuarto

соба

saco de dormir

вреħа за спавање

tienda de campaña

шатор

información al turista

уристичке информације

playa

плажа

tarjeta de crédito

кредитна картица

desayuno

доручак

almuerzo

ручак

cena

вечера

pasaje

карта за вожњу

ascensor

лифт

sello

поштанска маркица

límite

граница

aduana

царина

embajada

амбасада

visa

виза

pasaporte

пасош

transporte
транспорт

avión
авион

barco
брод

coche de bomberos
ватрогасно возило

camión
теретно возило

bus
аутобус

lancha a motor
моторни чамац

bicicleta
бицикл

auto
ауто

balsa
трајект

lancha
чамац

motocicleta
мотоцикл

auto de policía
полицијски ауто

auto de carreras
тркаћи ауто

auto de alquiler
изнајмљено ауто

transporte - транспорт

alquiler de autos

дељење аутомобила

grúa

вучно возило

vehículo recolector de basura

возило за одвоз смећа

motor

мотор

gasolina

бензин

gasolinera

бензинска станица

señal de tráfico

саобраћајни знак

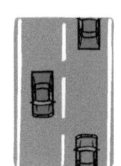

tránsito

саобраћај

atasco

застој

estacionamiento

паркиралиште

estación de tren

железничка станица

carril

шине

tren

воз

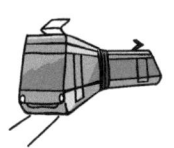

tranvía

трамвај

vagón

вагон

helicóptero

хеликоптер

aeropuerto

аеродром

torre

кула

pasajero

путник

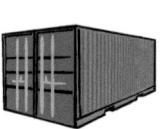

contenedor

контејнер

caja de cartón

картон

carro

колица

cesta

корпа

despegar / aterrizar

узлетети / слетети

ciudad

град

aldea

село

centro de la ciudad

центар града

casa

кућа

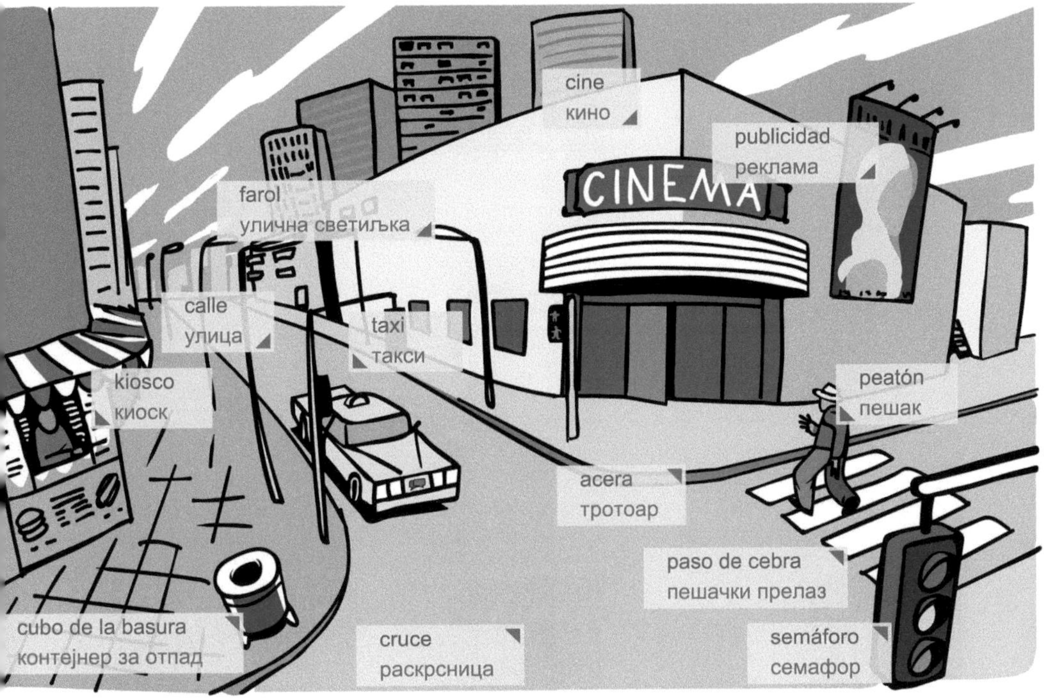

cine
кино

publicidad
реклама

farol
улична светиљка

calle
улица

taxi
такси

kiosco
киоск

peatón
пешак

acera
тротоар

paso de cebra
пешачки прелаз

cubo de la basura
контејнер за отпад

cruce
раскрсница

semáforo
семафор

cabaña
....
колиба

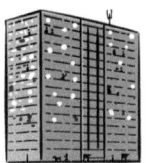

apartamento
....
стан

estación de tren
....
железничка станица

ayuntamiento
....
већница

museo
....
музеј

escuela
....
школа

ciudad - град

universidad

универзитет

banco

банка

hospital

болница

hotel

хотел

farmacia

апотека

oficina

канцеларија

librería

књижара

negocio

продавница

florería

цвећара

supermercado

супермаркет

mercado

трг

grandes almacenes

робна кућа

pescadería

рибарница

centro comercial

трговачки центар

puerto

лука

parque

парк

banco

клупа

puente

мост

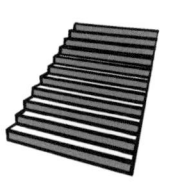

escalera

степенице

metro

подземна железница

túnel

тунел

parada de autobuses

аутобуска станица

bar

бар

restaurante

ресторан

buzón de correo

поштанско сандуче

letrero

улични знак

parquímetro

паркирни аутомат

zoológico

зоолошки врт

piscina

базен

mezquita

џамија

granja

сеоско газдинство

polución

загађење околине

cementerio

гробље

iglesia

црква

parque infantil

игралиште

templo

храм

paisaje
пејсаж

hoja
лист

indicador de camino
путоказ

sendero
пут

pradera
ливада

piedra
камен

árbol
дрво

caminante
шетач

río
река

pasto
трава

flor
цвет

valle

долина

montaña

планина

lago

језеро

bosque

шума

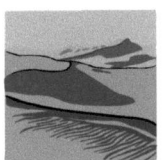

desierto

пустиња

volcán

вулкан

castillo

дворац

arco iris

дуга

seta

гљива

palmera

палма

mosquito

москито

mosca

мува

hormiga

мрав

abeja

пчела

araña

паук

paisaje - пејсаж

escarabajo

буба

rana

жаба

ardilla

веверица

erizo

јеж

liebre

зец

lechuza

сова

pájaro

птица

cisne

лабуд

jabalí

дивља свиња

ciervo

јелен

alce

лос

embalse

насип

aerogenerador

ветрењача

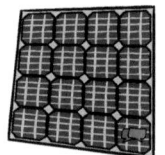

módulo solar

соларна плоча

clima

клима

restaurante

ресторан

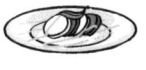

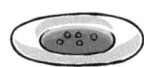

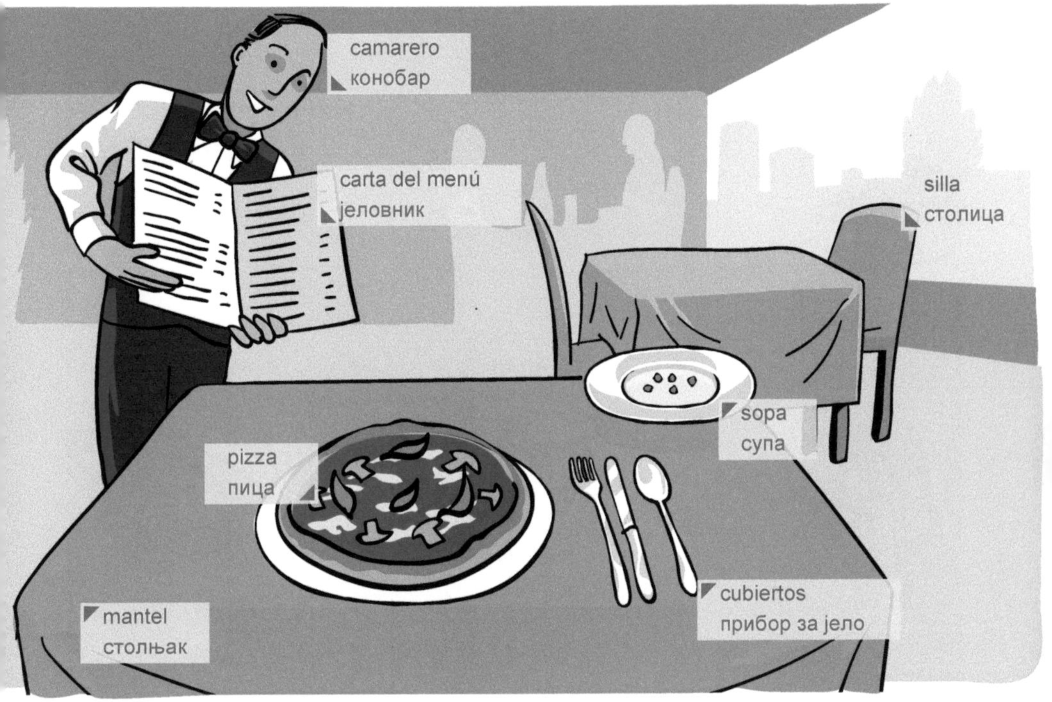
camarero
конобар
carta del menú
јеловник
silla
столица
sopa
супа
pizza
пица
cubiertos
прибор за јело
mantel
столњак

entrada

предјело

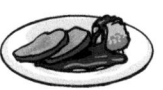

plato principal

главно јело

postre

десерт

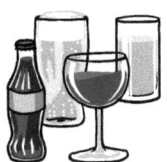

bebida

напитци

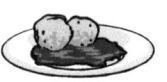

comida

јело

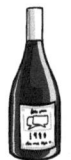

botella

флаша

comida rápida

брза храна

comida callejera

имбис храна

tetera

чајник

azucarera

доза за шећер

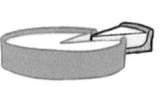

porción

порција

máquina de espresso

апарат за еспресо

silla alta

висока столица

factura

рачун

bandeja

послужавник

cuchillo

нож

tenedor

виљушка

cuchara

кашика

cuchara de té

чајна кашика

servilleta

салвета

vaso

чаша

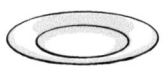

plato
....
тањир

plato de sopa
....
тањир за супу

platillo
....
тањирић

salsa
....
сос

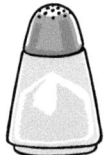

salero
....
сољенка

molinillo para pimienta
....
млин за бибер

vinagre
....
сирће

aceite
....
уље

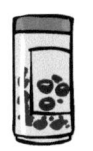

especias
....
зачини

ketchup
....
кечап

mostaza
....
сенф

mayonesa
....
мајонеза

supermercado
супермаркет

oferta
понуда
FOR
cliente
купац
productos lácteos
млечни производи
fruta
воће
carrito de compras
колица за куповину

BUTCHERS

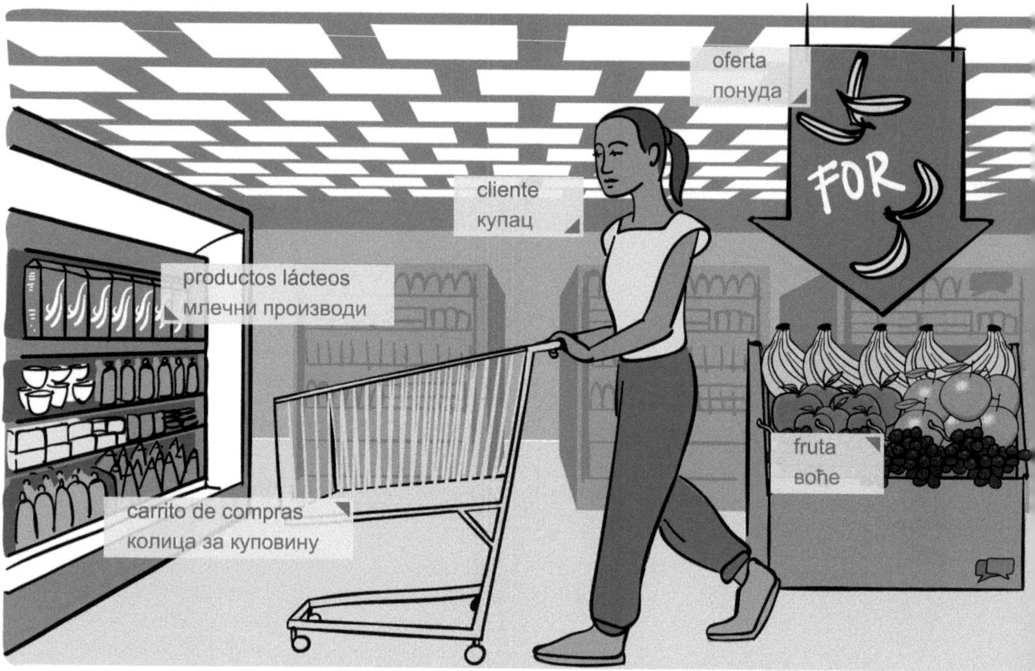

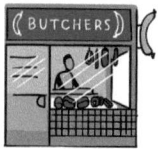

carnicería

месница

BAKERY

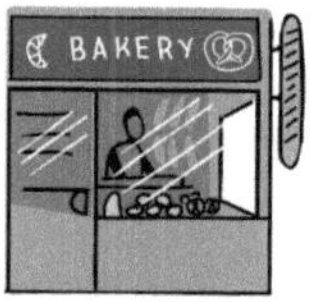

panadería

пекара

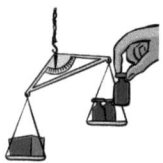

pesar

вагати

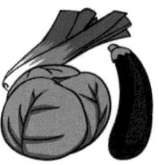

verdura

поврће

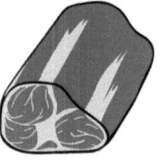

carne

месо

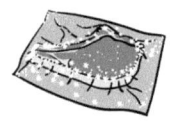

alimentos congelados

смрзнута храна

fiambre

нарезак

conservas

конзерве

detergente en polvo

средство за прање

dulces

слаткиши

artículos domésticos

артикли за домаћинство

productos de limpieza

средства за чишћење

vendedora

продавачица

caja

благајна

cajero

благајник

lista de compras

листа за куповину

horario de atención

време рада

cartera

новчаник

tarjeta de crédito

кредитна картица

maleta

торба

bolsa plástica

пластична кеса

agua

вода

jugo

сок

leche

млеко

refresco de cola

кола

vino

вино

cerveza

пиво

alcohol

алкохол

cacao

какао

té

чај

café

кава

espresso

еспресо

cappuccino

капучино

banana

банана

manzana

јабука

naranja

наранџа

sandía

лубеница

limón

лимун

zanahoria

шаргарепа

ajo

бели лук

bambú

бамбус

cebolla

лук

seta

гљива

nueces

орашасти плодови

fideos

резанци

espagueti

шпагете

arroz

рижа

ensalada

салата

patatas fritas

помфрит

patatas salteadas

печени крумпир

pizza

пица

hamburguesa

хамбургер

sándwich

сендвич

escalope

шницла

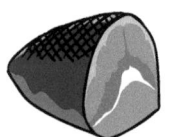

jamón

шунка

salame

салама

embutido

кобасица

pollo

кокош

asado

печење

pescado

риба

copos de avena

зобене пахуљице

musli

мусли

copos de maíz tostado

кукурузне пахуљице

harina

брашно

croissant

кроасан

panecillo

пециво

pan

хлеб

tostada

тоаст

galletas

кекси

mantequilla

маслац

cuajada

свежи сир

pastel

колач

huevo

jaje

huevo frito

jaje на око

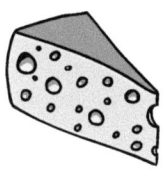

queso

сир

helado

сладолед

azúcar

шећер

miel

мед

mermelada

мармелада

praliné

нугат крема

curry

кари

granja
сеоско газдинство

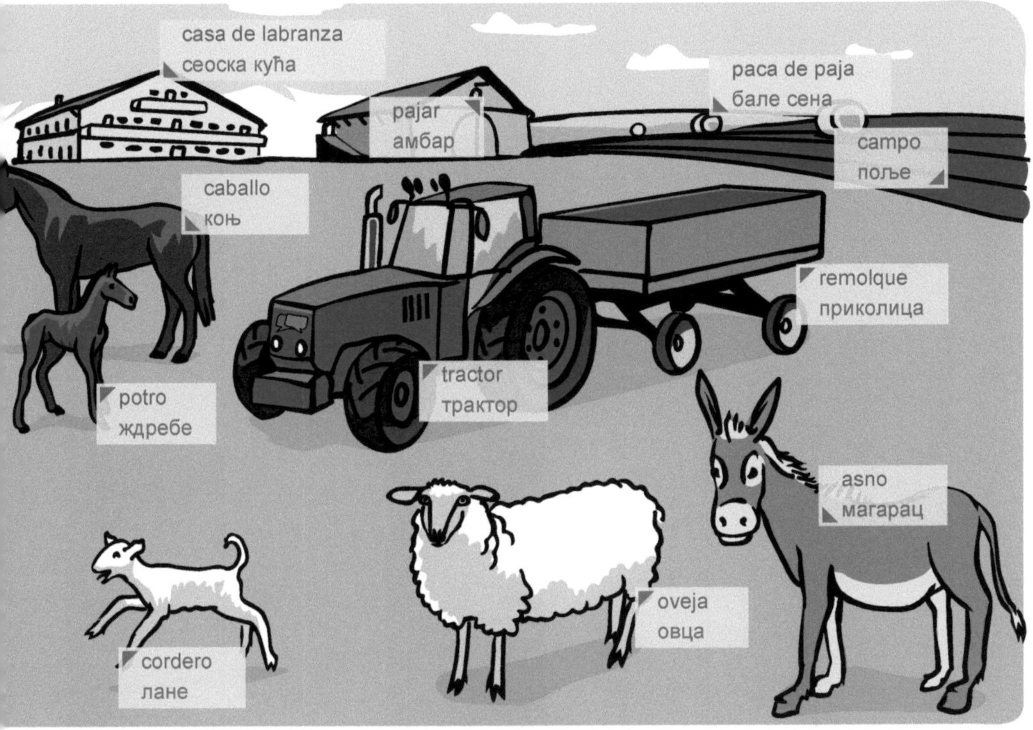
casa de labranza
сеоска кућа
pajar
амбар
paca de paja
бале сена
campo
поље
caballo
коњ
remolque
приколица
tractor
трактор
potro
ждребе
asno
магарац
oveja
овца
cordero
лане

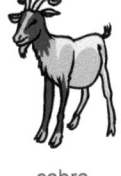

cabra

коза

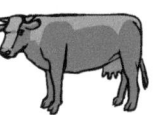

vaca

крава

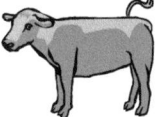

ternero

теле

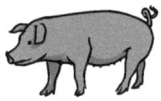

cerdo

свиња

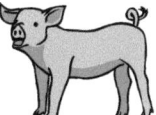

lechón

прасе

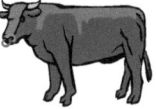

toro

бик

ganso

гуска

pato

патка

polluelo

пилићи

pollo

кокош

gallo

петао

rata

пацов

gato

мачка

ratón

миш

buey

вол

perro

пас

caseta del perro

кућица за пса

manguera de riego

вртно црево

regadera

канта за поливање

guadaña

коса

arado

плуг

hoz
....
срп

azada
....
мотика

bieldo
....
виљушка за ђубриво

hacha
....
секира

carretilla
....
тачке

abrevadero
....
корито

lechera
....
посуда за млеко

saco
....
врећа

cerca
....
ограда

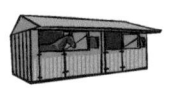

establo
....
штала

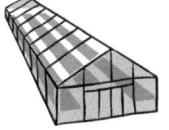

invernadero
....
стакленик

suelo
....
земља

semilla
....
семе

fertilizante
....
ђубриво

cosechadora
....
комбајн

cosechar

жети

cosecha

жетва

raíz de ñame

јамс зачин

trigo

пшеница

soja

соја

patata

кromпир

maíz

кукуруз

colza

уљана репица

Árbol frutal

воћка

mandioca

гомољ маниоке

cereales

житарице

casa

кућа

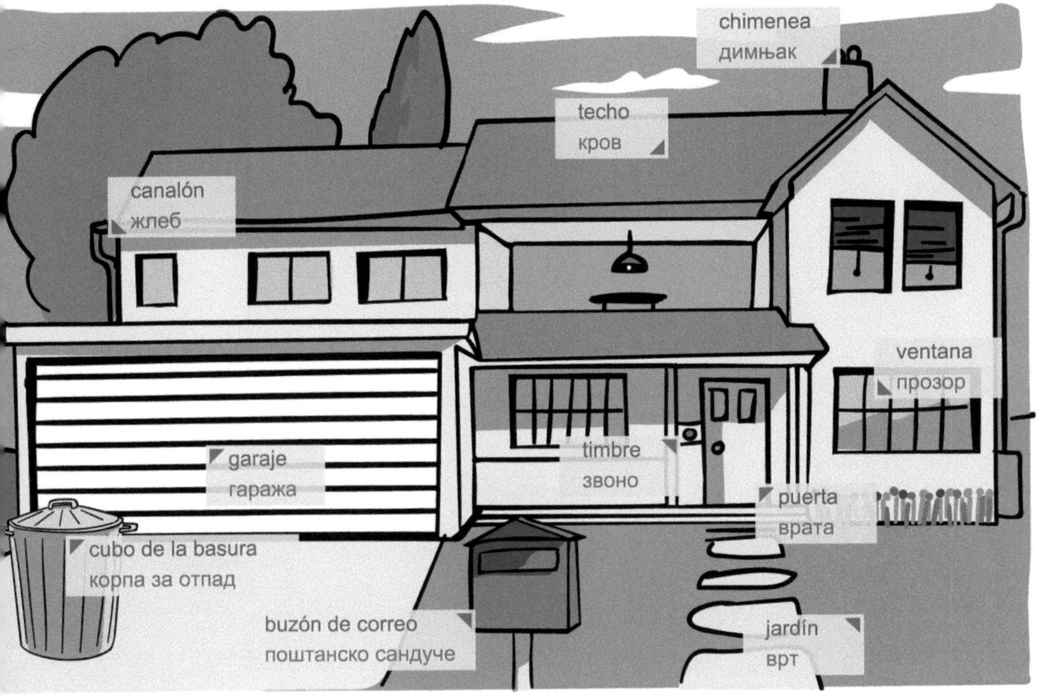

chimenea
димњак
techo
кров
canalón
жлеб
ventana
прозор
timbre
звоно
garaje
гаража
puerta
врата
cubo de la basura
корпа за отпад
buzón de correo
поштанско сандуче
jardín
врт

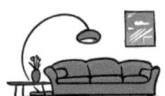

cuarto de estar

дневна соба

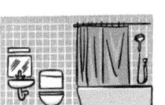

cuarto de baño

купаоница

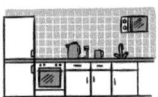

cocina

кухиња

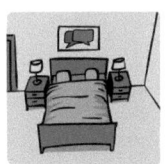

dormitorio

спаваћа соба

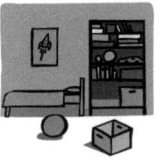

cuarto de los niños

дечија соба

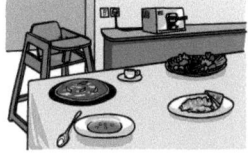

comedor

трпезарија

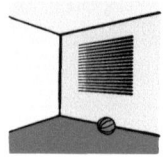

piso

под

pared

зид

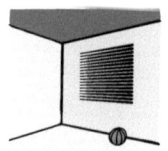

cielorraso

строп

sótano

подрум

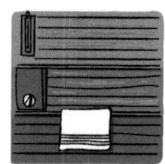

sauna

сауна

balcón

балкон

terraza

тераса

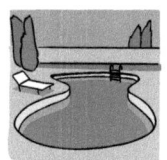

piscina

базен

cortacésped

косилица за траву

funda nórdica

постељина за кревет

edredón

дека за кревет

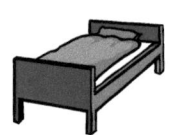

cama

кревет

escoba

метла

cubo

канта

interruptor

прекидач

cuarto de estar

дневна соба

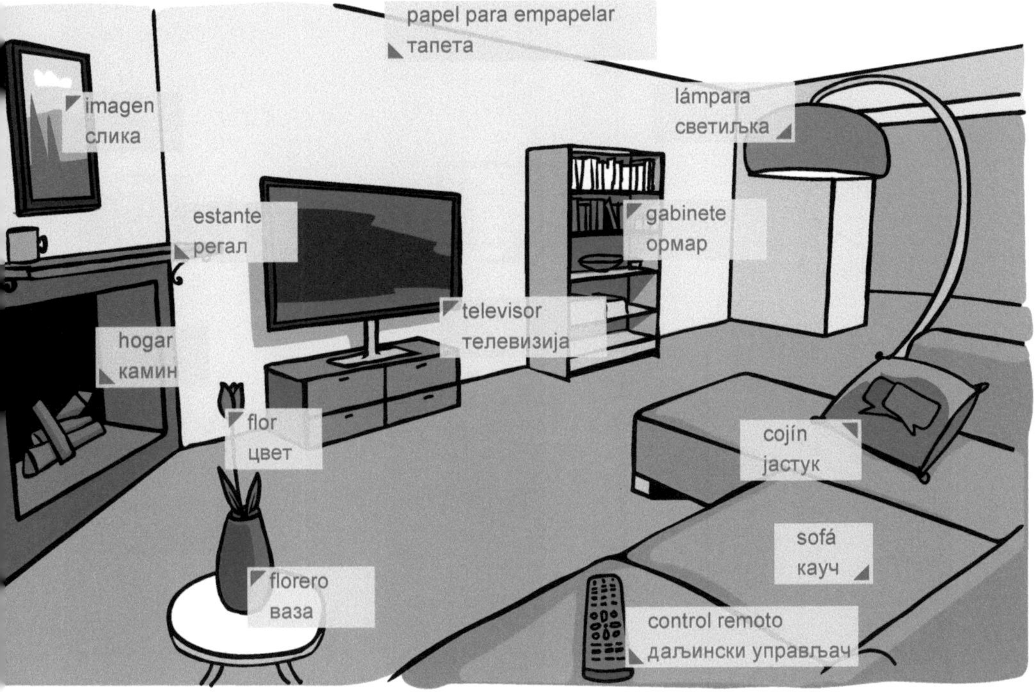

papel para empapelar
тапета
imagen
слика
lámpara
светиљка
estante
регал
gabinete
ормар
televisor
телевизија
hogar
камин
flor
цвет
cojín
јастук
sofá
кауч
florero
ваза
control remoto
даљински управљач

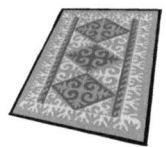

alfombra

тепих

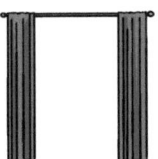

cortina

завеса

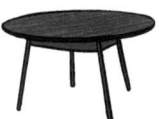

mesa

сто

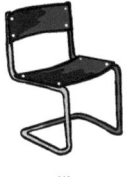

silla

столица

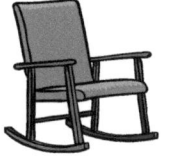

mecedora

столица за њихање

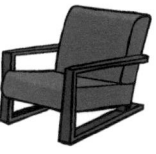

sillón

фотеља

libro

књига

frazada

дека

decoración

декорација

leña

дрво за огрев

film

филм

equipo estereofónico

хи-фи уређај

llave

кључ

periódico

новине

cuadro

слика на платну

póster

постер

radio

радио

bloc de notas

блок за писање

aspiradora

усисивач

cactus

кактус

vela

свећа

cocina
кухиња

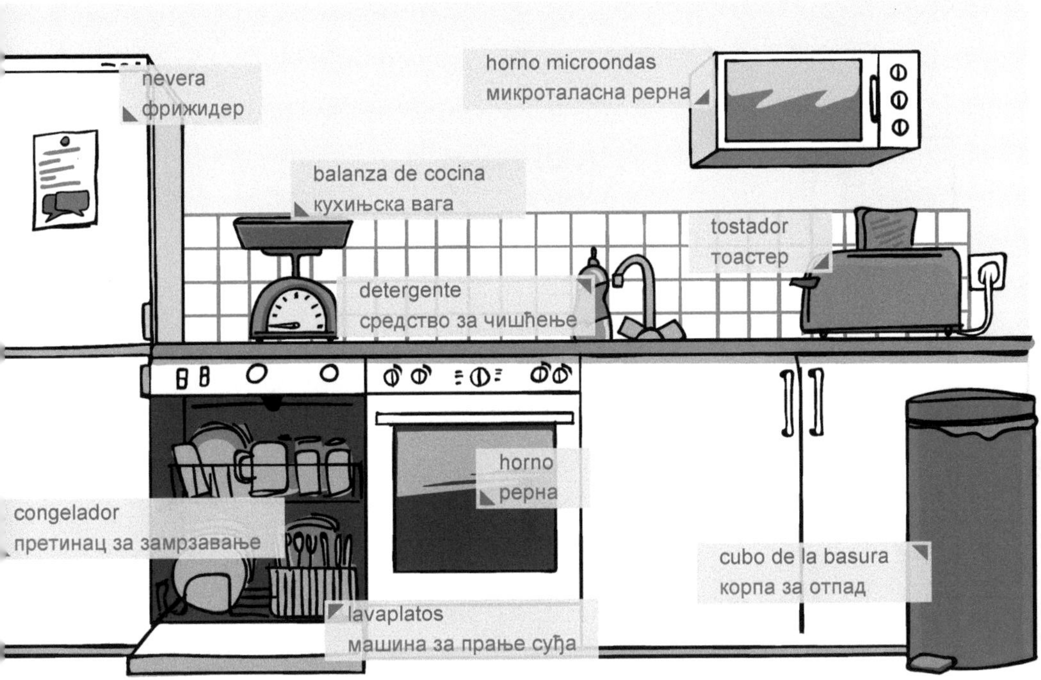
nevera
фрижидер
horno microondas
микроталасна рерна
balanza de cocina
кухињска вага
tostador
тоастер
detergente
средство за чишћење
horno
рерна
congelador
претинац за замрзавање
cubo de la basura
корпа за отпад
lavaplatos
машина за прање суђа

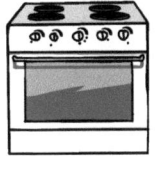

cocina
шпорет

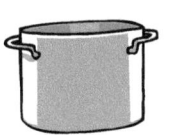

olla
лонац

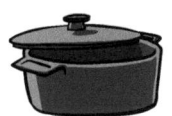

olla de fundición de hierro
гвоздени лонац

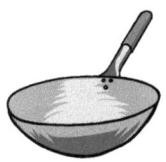

wok / kadai
вок / кадаи

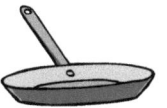

sartén
тава

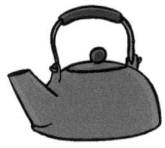

hervidor de agua
кувало за воду

olla de vapor

кувало на пару

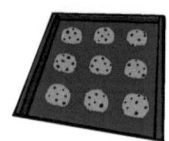

bandeja de horno

лим за печење

vajilla

посуђе

vaso

чаша

bol

посуда

palillos para comer

штапићи за јело

cucharón de sopa

кутлача

espátula

лопатица

batidor

пењача

colador

сито за кување

cedazo

сито

rallador

рибеж

mortero

мужар

parrillada

роштиљ

fogata

огњиште

tabla de picar
даска

rodillo
оклагија

sacacorchos
вадичеп

lata
конзерва

abrelatas
отварач конзерви

agarrador
крпа за лонац

fregadero
судопер

cepillo
четка

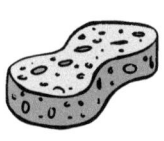

esponja
сунђер

batidora
миксер

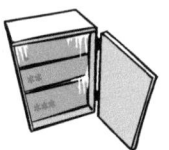

arcón congelador
замрзивач

biberón
флашица за бебе

grifo
славина за воду

cuarto de baño

купаоница

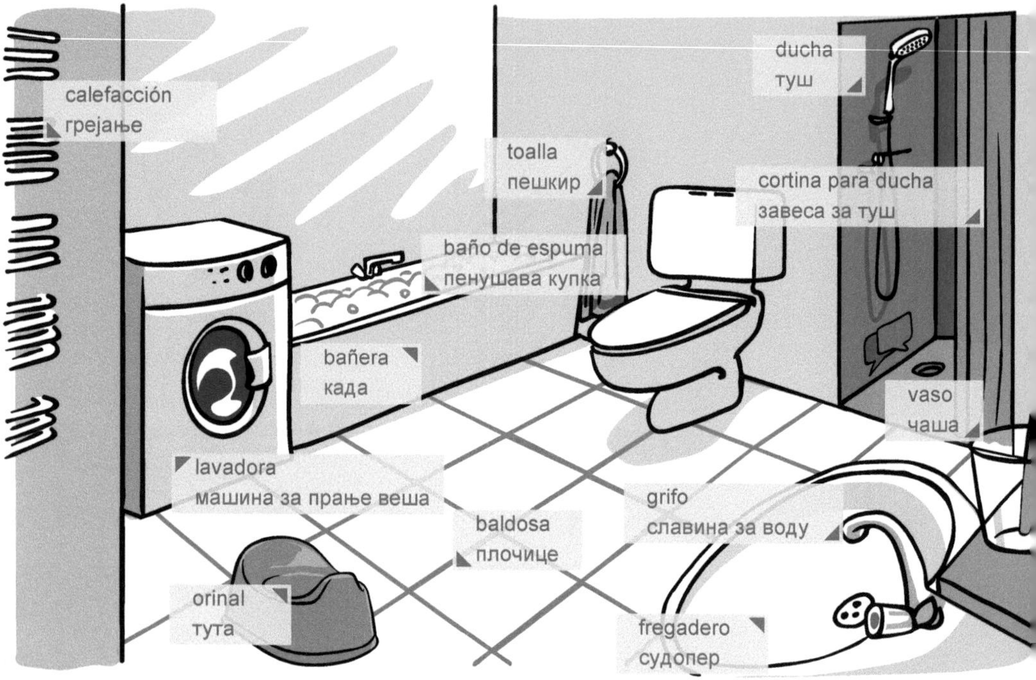
ducha
туш
calefacción
грејање
toalla
пешкир
cortina para ducha
завеса за туш
baño de espuma
пенушава купка
bañera
када
vaso
чаша
lavadora
машина за прање веша
grifo
славина за воду
baldosa
плочице
orinal
тута
fregadero
судопер

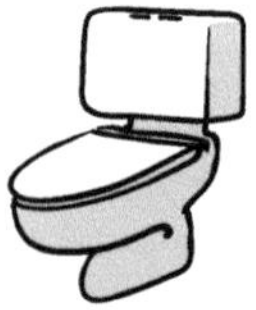

cuarto de baño

тоалет

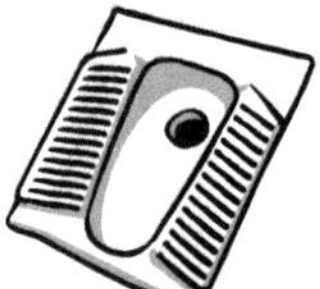

placa turca

чучавац

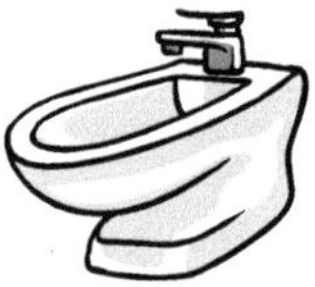

bidé

бидет

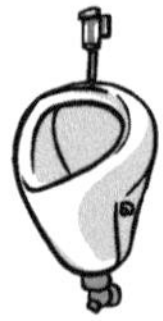

urinario

писоар

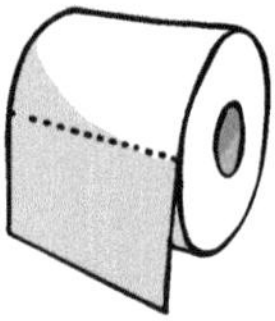

papel higiénico

тоалетни папир

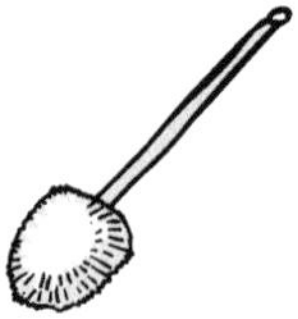

escobilla para el cuarto de baño

четка за тоалет

cepillo de dientes

четкица за зубе

pasta dentífrica

паста за зубе

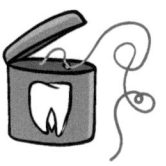

seda dental

конац за зубе

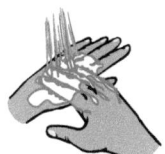

lavar

прати

ducha teléfono

туш ручица

ducha higiénica

туш за прање интимних делова

cuenco

лавор

cepillo para la espalda

четка за прање леђа

jabón

сапун

gel de ducha

гел за туширање

champú

шампон

manopla para baño

крпа за прање

desagüe

одвод

crema

крема

desodorante

дезодоранс

espejo

огледало

espejo de maquillaje

козметичко огледало

máquina de afeitar

бријач

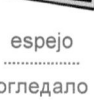

espuma de afeitar

пена за бријање

loción para después del afeitado

лосион за после бријања

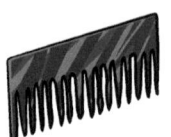

peine

чешаљ

cepillo

четка

secador para cabello

фен за косу

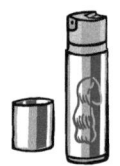

laca de peinado

спреј за косу

maquillaje

шминка

lápiz labial

руж за усне

laca para uñas

лак за нокте

algodón

вата

tijera para uñas

маказе за нокте

perfume

парфем

neceser

козметичка торбица

taburete

столица

balanza

вага

bata de baño

огртач

guantes de goma

рукавице за чишћење

tampón

тампон

compresa

уложак

wáter químico

хемијски тоалет

cuarto de los niños
дечија соба

despertador
будилник
animal de peluche
плишана играчка
auto de juguete
ауто играчка
sonajero
звечка
casa de muñecas
кућица за лутке
obsequio
поклон

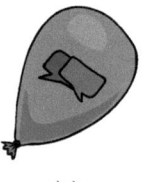

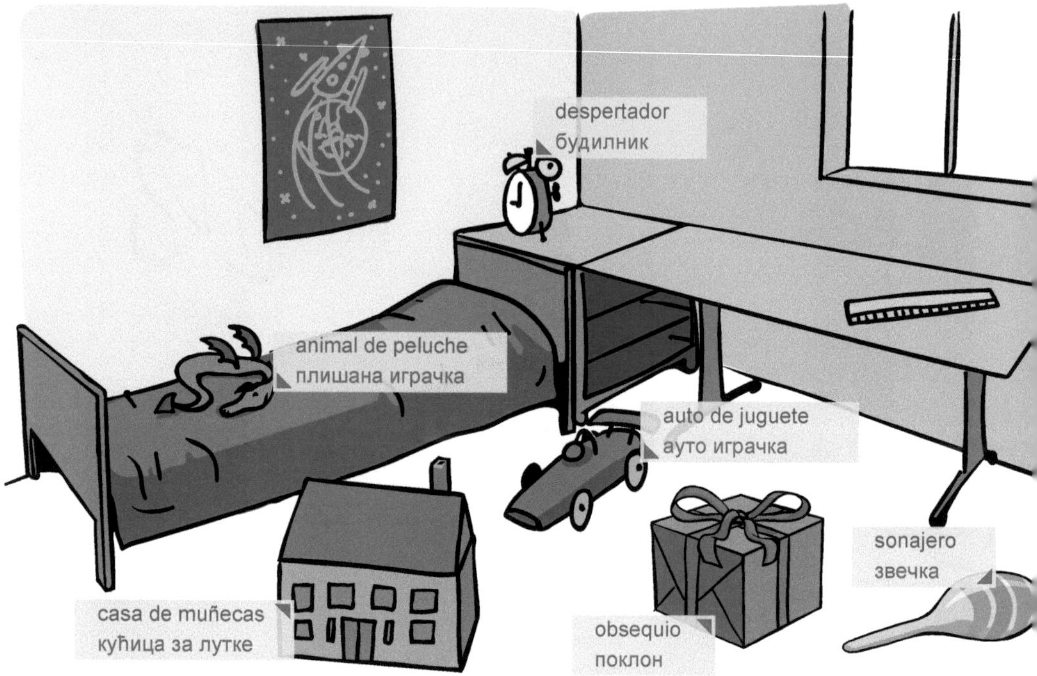

globo

балон

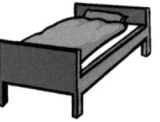

cama

кревет

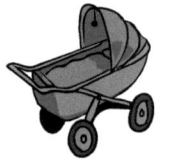

cochecito para niños

дјечија колица

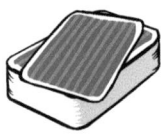

juego de barajas

игра са картама

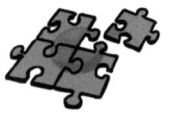

rompecabezas

слагалица

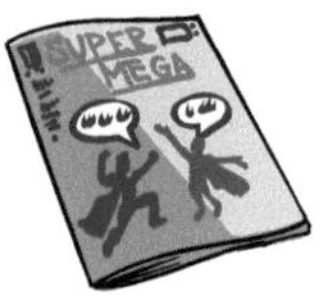

cómic

стрип

piezas de Lego

лего коцкице

bloques para jugar

коцкице за слагање

figura de acción

акциони јунак

pijama de una pieza

бенкица за бебе

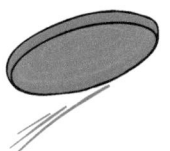

frisbee

фризби

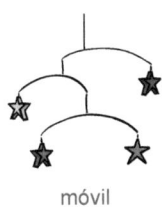

móvil

висеће играчке

juego de mesa

друштвене игре

dado

коцка

tren eléctrico a escala

минијатурна жељезница

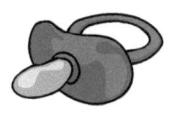

chupete

дуда

fiesta

забава

libro de dibujos

сликовница

pelota

лопта

títere

лутка

jugar

играти

arenero

пешчаник

columpio

љуљачка

juguetes

играчка

consola de videojuego

конзола за игре

triciclo

трицикл

osito de peluche

теди

guardarropa

ормар

vestimenta

одећа

calcetines

кратке чарапе

medias

чарапе

panti

хулахопке

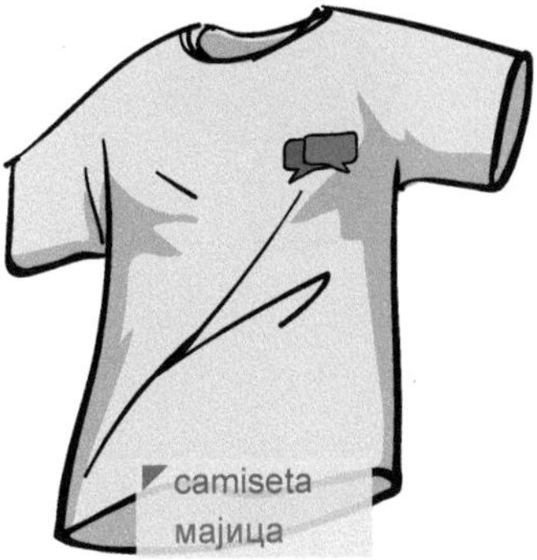

chal
шал

paraguas
кишобран

camiseta
мајица

cinturón
каиш

botas
чизме

zapatilla
папуче

deportivas
патике

sandalias
сандале

zapatos
ципеле

botas de goma
гумене чизме

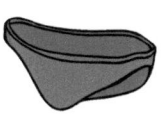

ropa interior
гаћице

corpiño
грудњак

camiseta
поткошуља

vestimenta - одећа

body
боди

pantalón
панталоне

jeans
фармерке

falda
сукња

blusa
блуза

camisa
кошуља

pullover
џемпер

sweater
џемпер с капуљачом

blazer
сако

chaqueta
јакна

abrigo
мантил

impermeable
кабаница

traje chaqueta
костим

vestido
хаљина

vestido de bodas
венчаница

traje

одело

camisón

спаваћица

pijama

пиџама

sari

сари

pañuelo de cabeza

марама за главу

turbante

турбан

burka

бурка

caftán

кафтан

abaya

абаја

traje de baño

купаћи костим

bañador

купаће гаћице

shorts

кратке панталоне

chándal

одећа за тренинг

delantal

кецеља

guante

рукавице

botón

дугме

gafa

наочаре

brazalete

наруквица

cadena

огрлица

anillo

прстен

aro

наушница

gorra

капа

percha

вешалица

sombrero

шешир

corbata

кравата

cierre a cremallera

патент затварач

casco

кацига

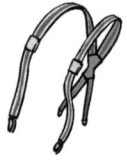

tiradores

нараменице

uniforme escolar

школска униформа

uniforme

униформа

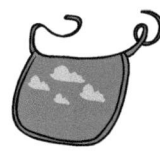

babero

подбрадак

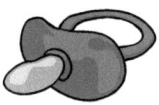

chupete

дуда

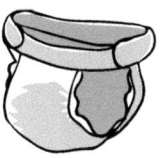

pañal

пелена

oficina

канцеларија

servidor
сервер
archivador
ормар за списе
impresora
штампач
papel
папир
monitor
монитор
ratón
миш
escritorio
писаћи сто
carpeta
мапа
teclado
тастатура
silla
столица
cesto de papeles
кошара за папир
ordenador
компјутер

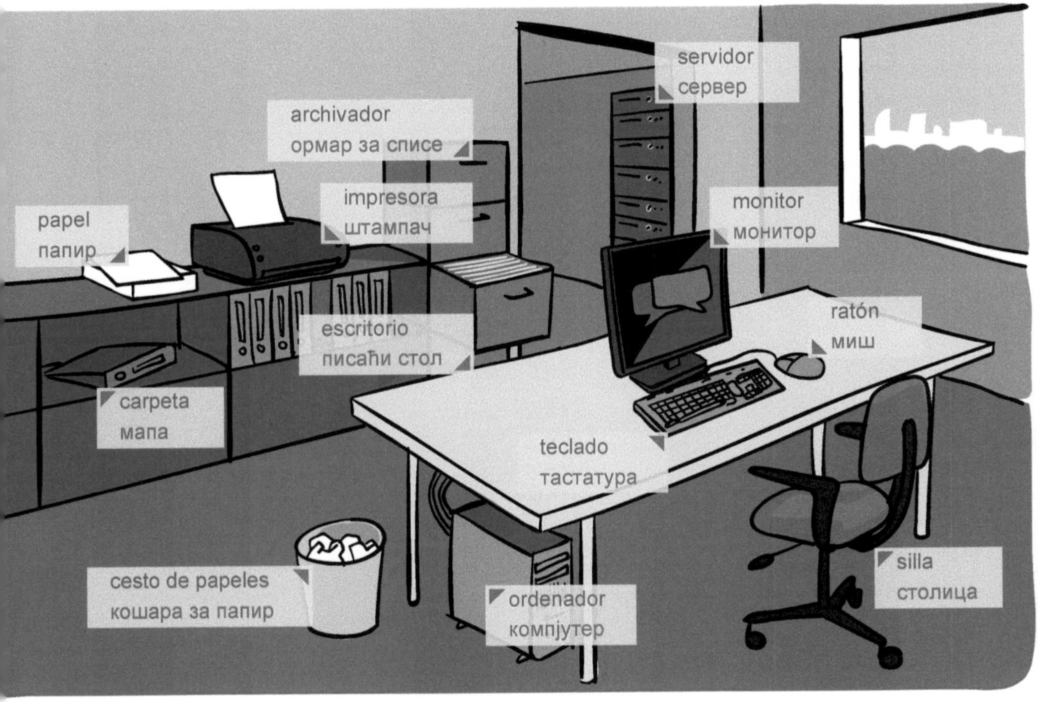

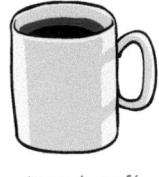

taza de café

шалица за каву

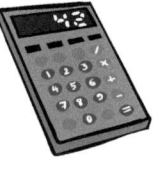

calculadora

калкулатор

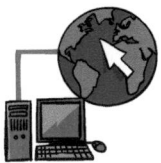

internet

интернет

laptop

лаптоп

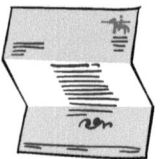

carta

писмо

mensaje

порука

teléfono móvil

мобилни телефон

red

мрежа

fotocopiadora

уређај за копирање

software

софтвер

teléfono

телефон

tomacorriente

утичница

máquina de fax

факс

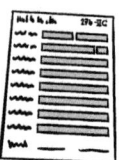

formulario

формулар

documento

документ

comprar

куповати

pagar

платити

comerciar

трговати

dinero

новац

dólar

долар

euro

евро

yen

јен

rublo

рубља

franco

швајцарски франак

renminbi

ренминдби јуан

rupia

рупија

cajero automático

аутомат за новац

casa de cambio

мењачница

oro

злато

plata

сребро

petróleo

нафта

energía

енергија

precio

цена

contrato

уговор

impuesto

порез

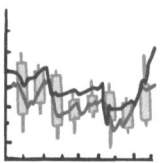

acción

деонице

trabajar

радити

empleado

службеник

empleador

послодавац

fábrica

фабрика

negocio

продавница

ocupaciones
занимања

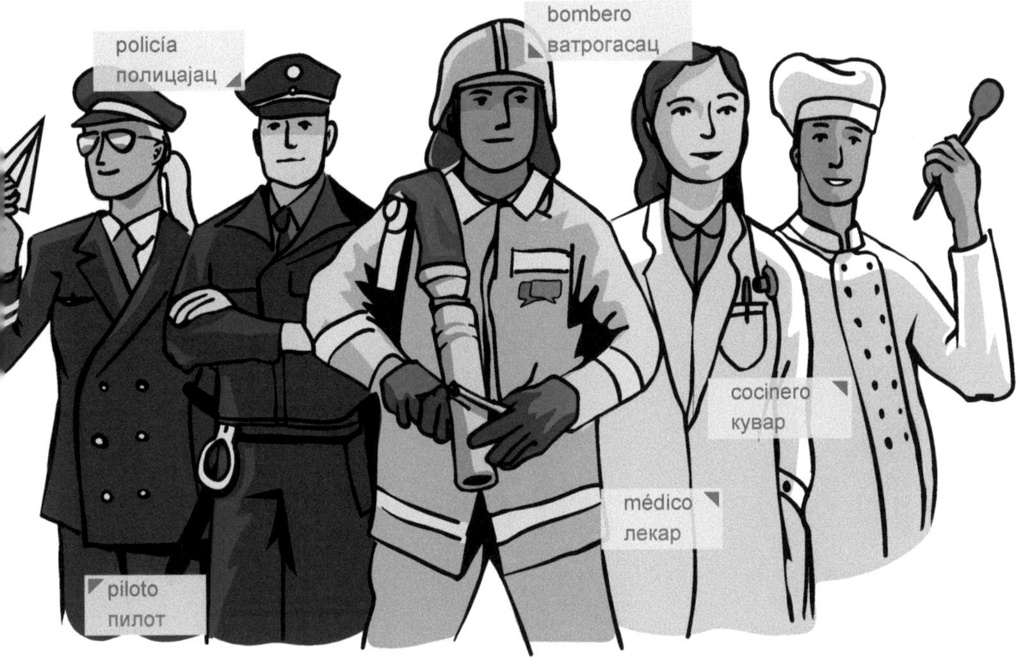
policía
полицајац
bombero
ватрогасац
cocinero
кувар
médico
лекар
piloto
пилот

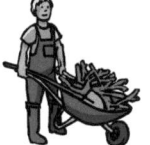

jardinero

вртлар

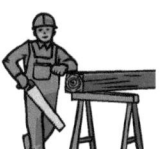

carpintero

столар

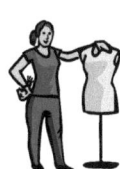

costurera

кројачица

juez

судија

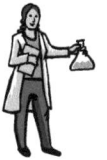

químico

хемичар

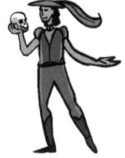

actor

глумац

conductor de autobús

возач аутобуса

taxista

возач таксија

pescador

рибар

mujer de la limpieza

чистачица

techista

кровопокривач

camarero

конобар

cazador

ловац

pintor

сликар

panadero

пекар

electricista

електричар

albañil

грађевински радник

ingeniero

инжењер

carnicero

месар

fontanero

лимар

cartero

поштар

soldado

војник

arquitecto

архитекта

cajero

благајник

florista

цвећар

peluquero

фризер

cobrador

кондуктер

mecánico

механичар

capitán

капетан

odontólogo

зубар

científico

научник

rabino

раби

imam

имам

monje

монах

párroco

свећеник

herramientas
алати

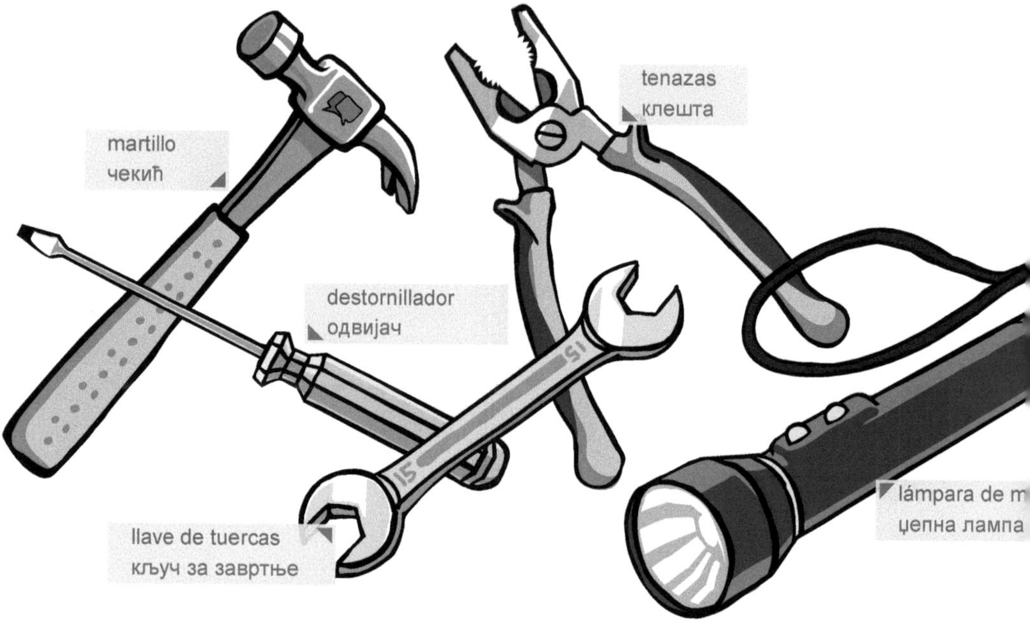

martillo
чекић
tenazas
клешта
destornillador
одвијач
llave de tuercas
кључ за завртње
lámpara de m
џепна лампа

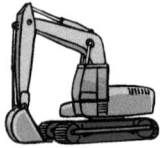

excavadora
багер

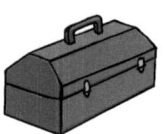

caja de herramientas
кутија за алат

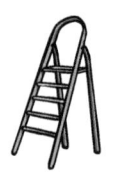

escalerilla
мердевине

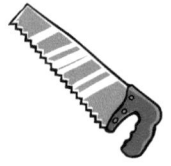

serrucho
пила

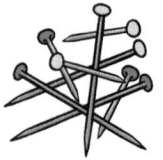

clavos
ексер

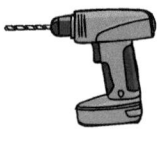

taladro
бушилица

reparar

поправити

pala

лопата

¡Maldición!

до ђавола!

recogedor

лопатица

lata de pintura

лонац за боју

tornillos

завртањи

instrumentos musicales
музички инструмент

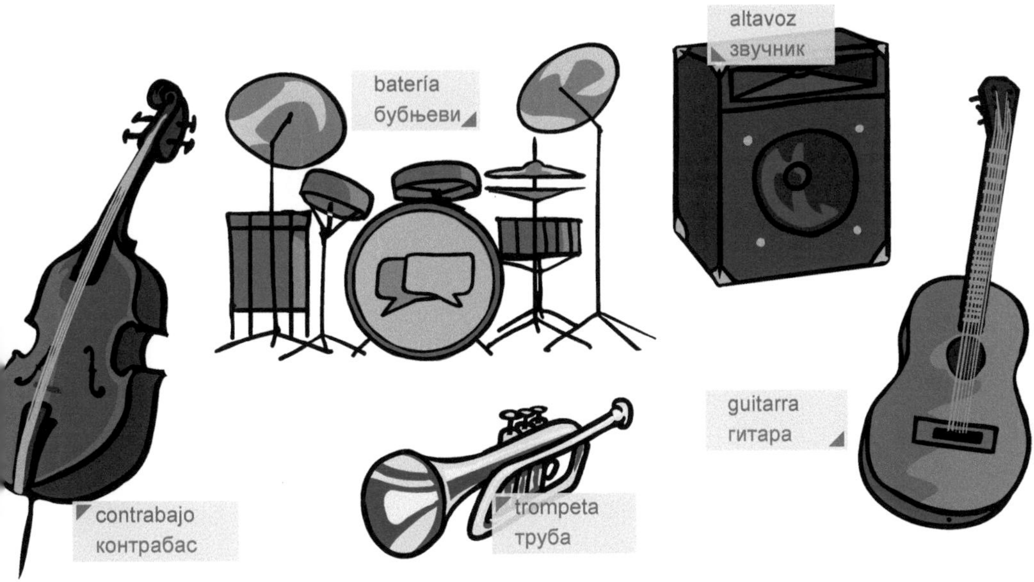

batería
бубњеви

altavoz
звучник

guitarra
гитара

contrabajo
контрабас

trompeta
труба

piano

клавир

violín

виолина

bajo

бас

timbales

тимпани

tambor

удараљке за бубњеве

teclado

типке клавира

saxofón

саксофон

flauta

флаута

micrófono

микрофон

instrumentos musicales - музички инструмент

tigre
тигар

entrada
улаз

jaula
кавез

cebra
зебра

comida para animales
храна за животиње

panda
панда

animales

животиње

elefante

слон

canguro

кенгур

rinoceronte

носорог

gorila

горила

oso

медвед

camello

камила

avestruz

ној

león

лав

mono

мајмун

flamengo

фламинго

papagayo

папагај

oso polar

поларни медвед

pingüino

пингвин

tiburón

ајкула

pavo real

паун

serpiente

змија

cocodrilo

крокодил

cuidador del zoológico

чувар у зоолошком врту

foca

туљан

jaguar

јагуар

pony

пони

leopardo

леопард

hipopótamo

нилски коњ

jirafa

жирафа

águila

орао

jabalí

дивља свиња

pescado

риба

tortuga

корњача

morsa

морж

zorro

лисица

gacela

газела

deporte
спорт

fútbol americano
амерички ногомет

ciclismo
бициклизам

tenis
тенис

baloncesto
кошарка

natación
пливање

boxeo
бокс

hockey sobre hielo
хокеј на леду

fútbol
фудбал

badminton
бадминтон

atletismo
атлетика

balonmano
рукомет

esquí
скијање

polo
поло

saltar
скочити

reír
смејати се

abrazar
загрлити

caminar
ићи

cantar
певати

soñar
сањати

rezar
молити се

besar
пољубити

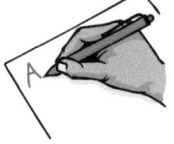

escribir
писати

dibujar
цртати

mostrar
показати

presionar
гурати

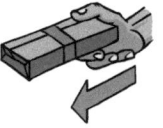

dar
дати

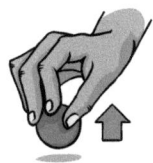

tomar
узети

tener

имати

hacer

чинити

ser

бити

estar de pie

стојати

correr

трчати

tirar

повлачити

arrojar

бацити

caer

падати

estar acostado

лежати

esperar

чекати

llevar

носити

estar sentado

седити

vestirse

облачити

dormir

спавати

despertar

пробудити се

mirar

гледати

llorar

плакати

acariciar

миловати

peinarse

чешљати

conversar

говорити

entender

разумети

preguntar

питати

oír

слушати

beber

пити

comer

јести

asear

поспремити

amar

волети

cocinar

кухати

conducir

возити

volar

летети

navegar

пловити

calcular

рачунати

leer

читати

aprender

учити

trabajar

радити

casarse

венчати се

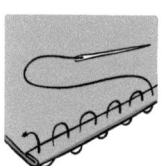

coser

шити

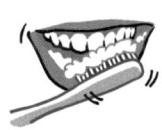

limpiarse los dientes

прати зубе

matar

убити

fumar

пушити

enviar

послати

familia

породица

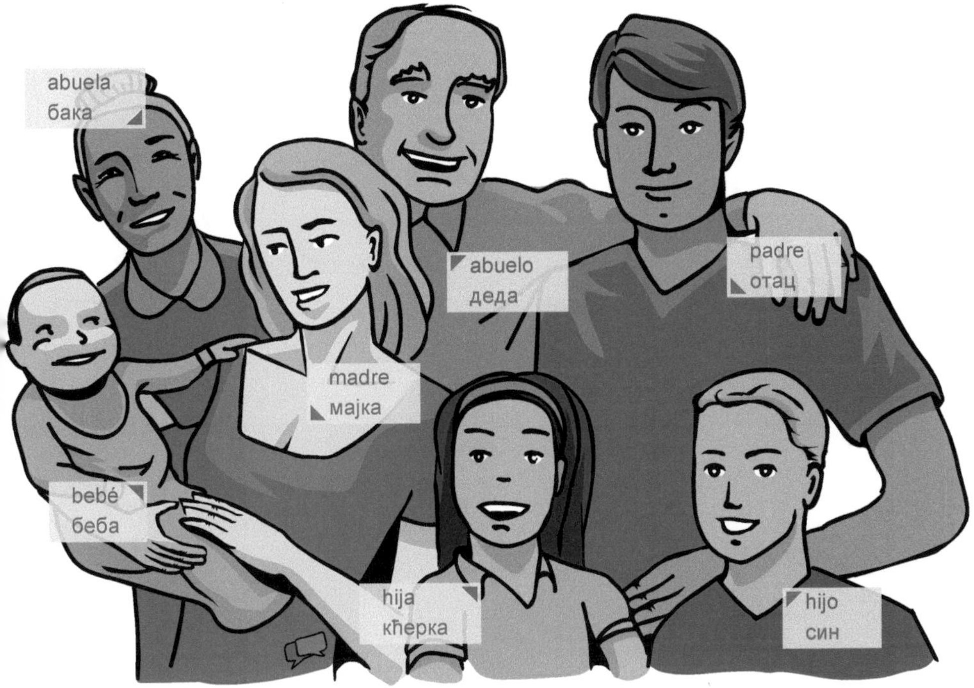
abuela
бака
abuelo
деда
padre
отац
madre
мајка
bebé
беба
hija
кћерка
hijo
син

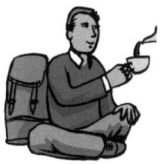

invitado

гост

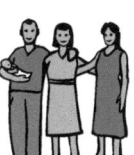

tía

тетка

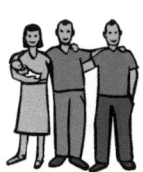

tío

ујак, стриц

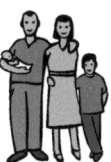

hermano

брат

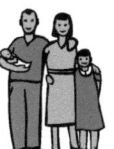

hermana

сестра

cuerpo

тело

frente
чело
ojo
око
hombro
раме
dedo
прст
cara
лице
barbilla
брада
mano
рука
pecho
груди
pierna
нога
brazo
рука

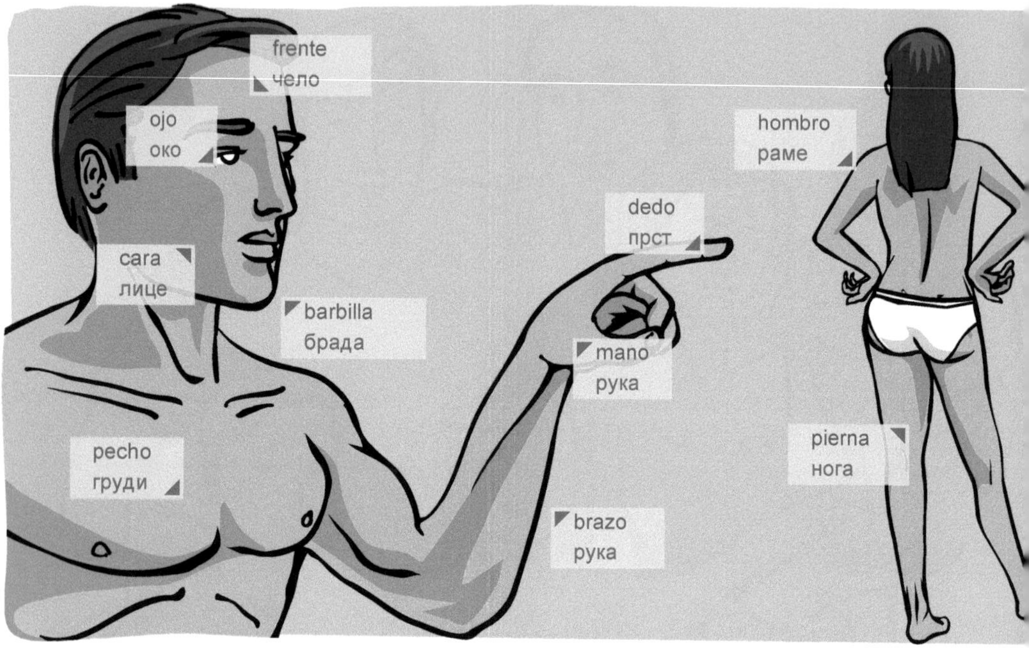

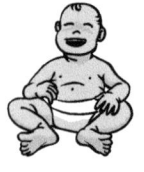

bebé

беба

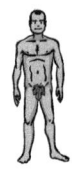

hombre

мушкарац

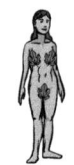

mujer

жена

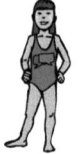

muchacha

девојчица

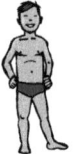

joven

дечак

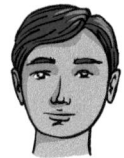

cabeza

глава

espalda

леђа

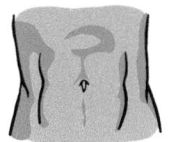

vientre

стомак

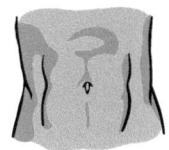

ombligo

пупак

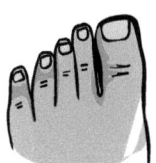

dedo del pie

ножни прст

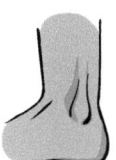

talón

пета

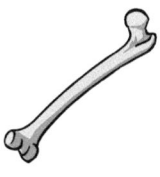

hueso

кост

cadera

кукови

rodilla

колено

codo

лакат

nariz

нос

trasero

задњица

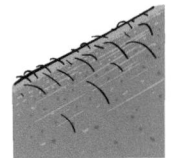

piel

кожа

mejilla

образ

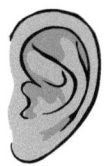

oreja

уво

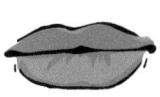

labio

усна

boca

уста

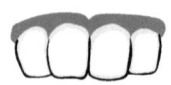

diente

зуб

lengua

језик

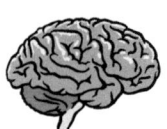

cerebro

мозак

corazón

срце

músculo

мишић

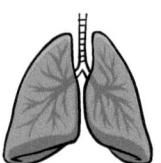

pulmón

плућа

hígado

јетра

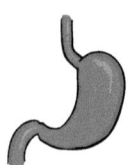

estómago

желудац

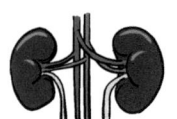

riñones

бубрези

relación sexual

полни однос

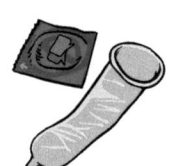

condón

кондом

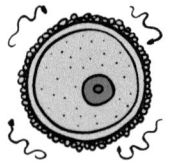

Óvulo

јајна ћелија

esperma

сперма

embarazo

трудноћа

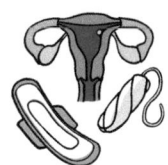

menstruación

менструација

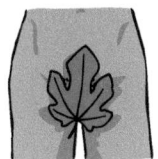

vagina

вагина

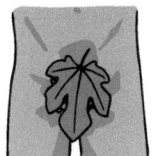

pene

пенис

ceja

обрва

cabello

коса

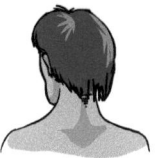

cuello

врат

hospital
болница

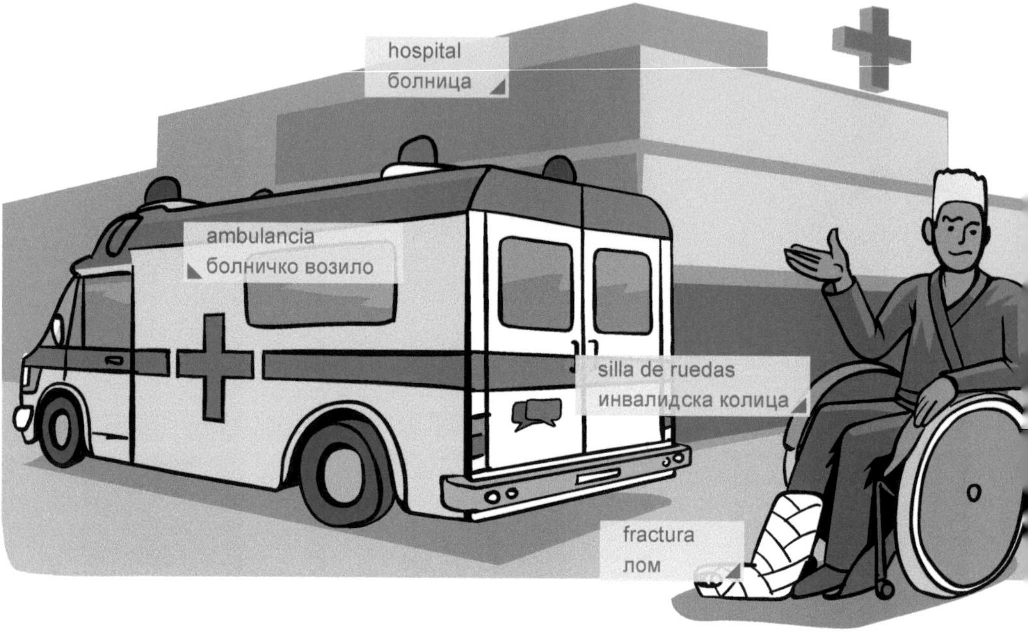

hospital
болница
ambulancia
болничко возило
silla de ruedas
инвалидска колица
fractura
лом

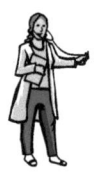

médico

лекар

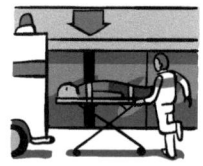

admisión de urgencia

хитна медицинска служба

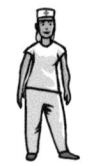

enfermera

медицинска сестра

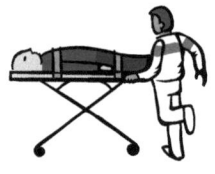

emergencia

хитни случај

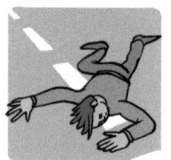

inconsciente

несвест

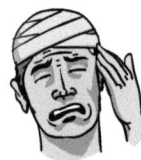

dolor

бол

lesión

повреда

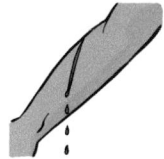

hemorragia

крварење

infarto de miocardio

срчани удар

apoplejía cerebral

удар

alergia

алергија

tos

кашаљ

fiebre

грозница

gripe

грипа

diarrea

пролив

dolor de cabeza

главобоља

cáncer

рак

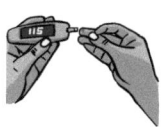

diabetes

дијабетес

cirujano

хирург

escalpelo

скалпел

operación

операција

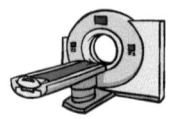

TC

цт

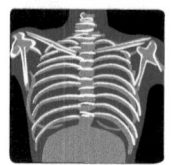

rayos X

рентген

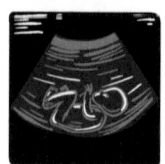

ultrasonido

ултразвук

máscara

маска

enfermedad

болест

sala de espera

чекаона

muleta

штака

emplasto

фластер

vendaje

завој

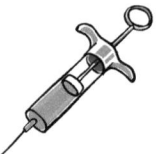

inyección

ињекција

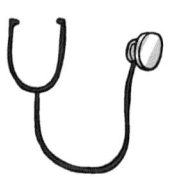

estetoscopio

стетоскоп

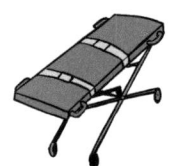

camilla

носила

termómetro

термометар

nacimiento

рођење

sobrepeso

прекомерна тежина

audífono

слушни апарат

desinfectante

средство за дезинфекцију

infección

инфекција

virus

вирус

VIH / SIDA

хив / аидс

medicina

медицина

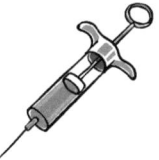

vacunación

вакцинација

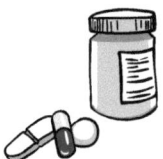

comprimido

таблете

píldora anticonceptiva

пилула

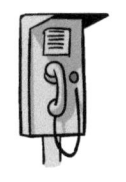

amada de emergencia

хитни позив

medidor de presión arterial

уређај за мерење притиска

enfermo / saludable

болесно / здраво

¡Ayuda!

помоћ!

alarma

аларм

asalto

насртај

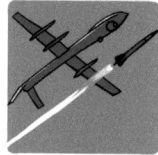

ataque

напад

peligro

опасност

salida de emergencia

излаз у случају нужде

¡Fuego!

пожар!

extintor

противпожарни апарат

accidente

незгоца

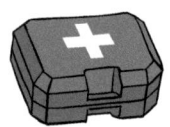

kit de primeros auxilios

кутија прве помоћи

SOS

сос

Policía

полиција

Europa

Европа

América del Norte

Северна Америка

América del Sur

Јужна Америка

África

Африка

Asia

Азија

Australia

Аустралија

Atlántico

Атлантик

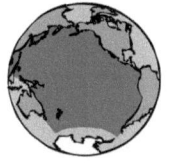

Pacífico

Пацифик

Océano Índico

Индијски океан

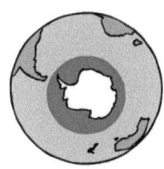

Océano Antártico

Антарктички океан

Océano Ártico

Арктички океан

Polo Norte

Северни рол

Polo Sur

Јужни рол

Antártida

Антарктик

Tierra

земља

país

земља

mar

море

isla

оток

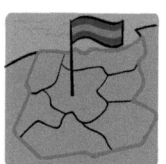

nación

нација

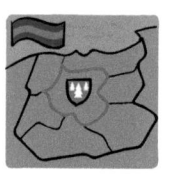

Estado

држава

Tierra - земља

cuadrante

бројчаник сата

horario

сатна казаљка

minutero

минутна казаљка

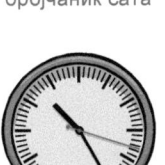

segundero

секундна казаљка

¿Qué hora es?

Колико је сати?

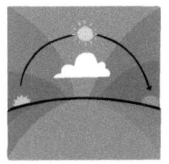

día

дан

tiempo

време

ahora

сада

reloj digital

дигитални сат

minuto

минута

hora

час

semana
седмица

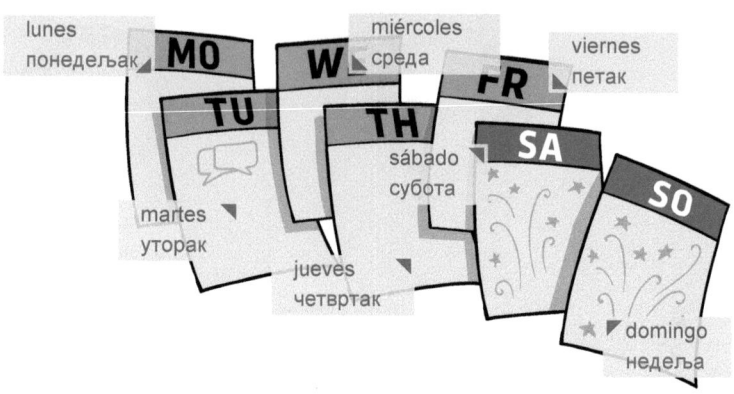

lunes / понедељак · MO
martes / уторак · TU
miércoles / среда · W
jueves / четвртак · TH
viernes / петак · FR
sábado / субота · SA
domingo / недеља · SO

ayer

juče

hoy

данас

mañana

сутра

mañana

jутро

mediodía

подне

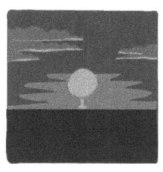

tarde

вече

MO	TU	WE	TH	FR	SA	SU
1	2	3	4	5	6	7
8	9	10	11	12	13	14
15	16	17	18	19	20	21
22	23	24	25	26	27	28
29	30	31	1	2	3	4

jornada de trabajo

радни дани

MO	TU	WE	TH	FR	SA	SU
1	2	3	4	5	6	7
8	9	10	11	12	13	14
15	16	17	18	19	20	21
22	23	24	25	26	27	28
29	30	31	1	2	3	4

fin de semana

викенд

año

година

arco iris
дуга
lluvia
киша
nieve
снег
viento
ветар
primavera
пролеће
otoño
јесен
verano
лето
invierno
зима

4.APRIL 11°
5.APRIL 4°
6.APRIL 13°
7.APRIL 8°
8.APRIL 10°

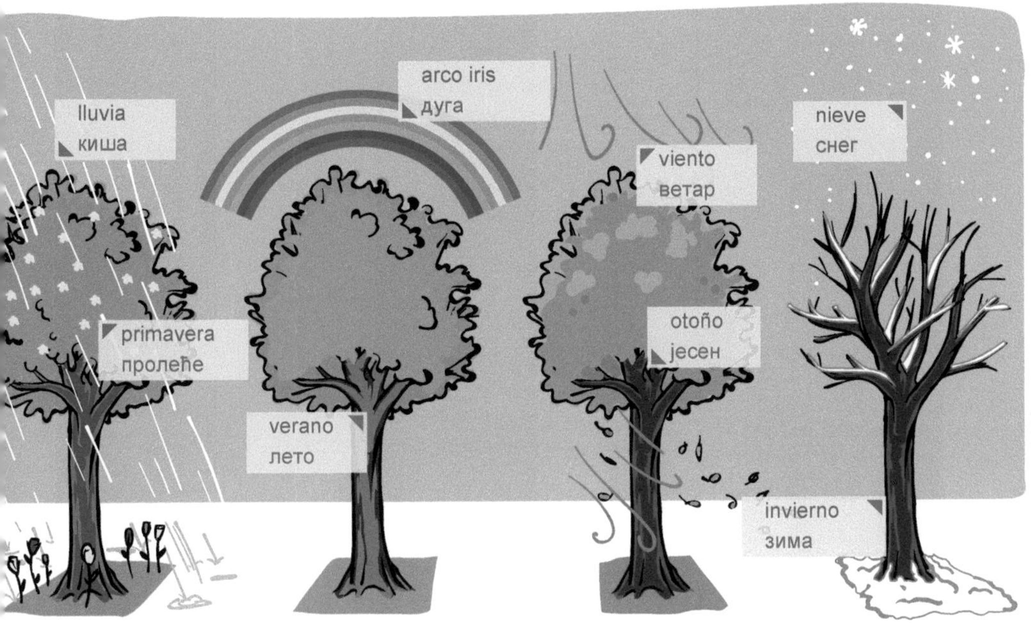

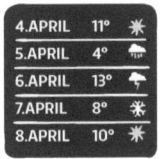

onóstico meteorológico

теоролошка прогноза

F
C

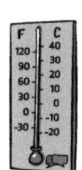

termómetro

термометар

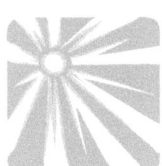

luz solar

сунчана светлост

nube

облак

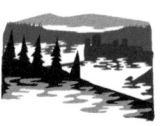

niebla

магла

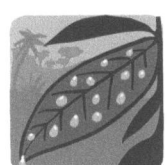

humedad ambiente

влажност ваздуха

relámpago

муња

trueno

грмљавина

tormenta

олуја

granizo

туча

monzón

монсун

inundación

поплава

hielo

лед

enero

јануар

febrero

фебруар

marzo

март

abril

април

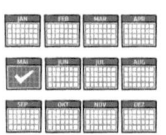

mayo

мај

junio

јуни

julio

јули

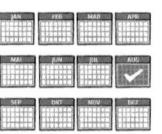

agosto

август

septiembre
....
септембар

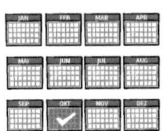

octubre
....
октобар

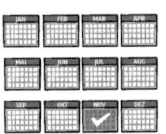

noviembre
....
новембар

diciembre
....
децембар

formas
облици

círculo
....
круг

cuadrado
....
квадрат

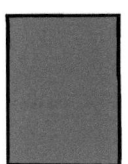

rectángulo
....
правоугао

triángulo
....
троугао

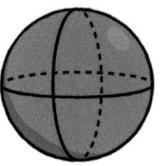

esfera
....
кугла

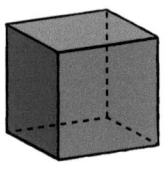

cubo
....
коцка

blanco

бела

amarillo

жута

anaranjado

наранџаста

rosa

ружичаста

rojo

црвена

lila

љубичаста

azul

плава

verde

зелена

marrón

смеђа

gris

сива

negro

црна

mucho / poco

много / мало

enojado / calmado

љутито / мирно

bonito / feo

лепо / ружно

comienzo / fin

почетак / крај

grande / pequeño

велико / малено

claro / oscuro

светло / тамно

hermano / hermana

брат / сестра

limpio / sucio

чисто / прљаво

completo / incompleto

потпуно / непотпуно

día / noche

дан / ноћ

muerto / vivo

мртво / живо

ancho / angosto

широко / уско

disfrutable / no disfrutable

jестиво / нејестиво

malo / amigable

зло / добро

excitado / aburrido

узбуђено / досадно

gordo / delgado

дебело / мршаво

primero / último

на почетку / на крају

amigo / enemigo

пријатељ / непријатељ

lleno / vacío

пуно / празно

duro / suave

тврдо / мекано

pesado / liviano

тешко / лагано

hambre / sed

глад / жеђ

enfermo / saludable

болесно / здраво

ilegal / legal

илегално / легално

inteligente / tonto

паметно / глупо

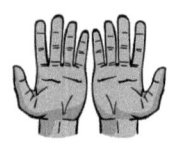

izquierda / derecha

лево / десно

cercano / lejano

близу / далеко

nuevo / usado

ново / половно

nada / algo

ништа / нешто

viejo / joven

старо / младо

encendido / apagado

кључено / искључено

abierto / cerrado

отворено / затворено

bajo / fuerte

тихо / гласно

rico / pobre

богато / сиромашно

correcto / incorrecto

тачно / погрешно

áspero / liso

храпаво / глатко

triste / alegre

тужно / сретно

breve / extenso

кратко / дуго

lento / veloz

полако / брзо

mojado / seco

мокро / сухо

caliente / frío

топло / хладно

guerra / paz

рат / мир

0

cero

нула

1

uno

један

2

dos

два

3

tres

три

4

cuatro

четири

5

cinco

пет

6

seis

шест

7

siete

седам

8

ocho

осам

9

nueve

девет

10

diez

десет

11

once

једанаест

12

doce

дванаест

13

trece

тринаест

14

catorce

четрнаест

15

quince

петнаест

16

dieciséis

шестнаест

17

diecisiete

седамнаест

18

dieciocho

осамнаест

19

diecinueve

деветнаест

20

veinte

двадесет

100

cien

стотину

1.000

mil

хиљаду

1.000.000

millón

милион

inglés

енглески

inglés estadounidense

амерички енглески

chino mandarín

мандарински кинески

hindi

хиндски

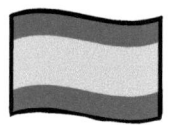

español

шпански

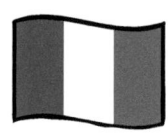

francés

француски

árabe

арапски

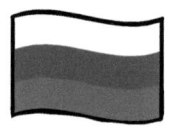

ruso

руски

portugués

португалски

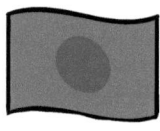

bengalí

бенгалски

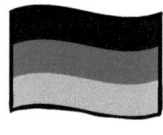

alemán

немачки

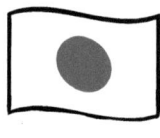

japonés

јапански

yo

ja

tú

ти

él / ella

он / она / оно

nosotros

ми

vosotros

ви

ellos

они

¿quién?

Ко?

¿qué?

Шта?

¿cómo?

Како?

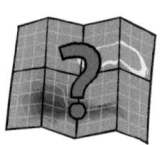

¿dónde?

Где?

¿cuándo?

Када?

nombre

име

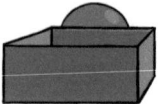

detrás

иза

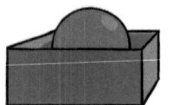

en

у

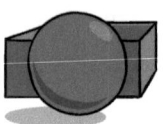

delante de

испред

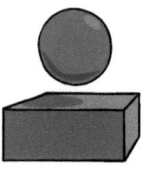

encima de

преко

sobre

на

debajo de

испод

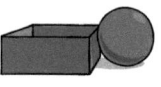

junto a

поред

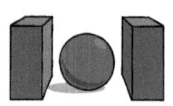

entre

између

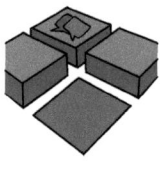

lugar

место